Ludwig Erk

Volkslieder-Album

80 Volkslieder für eine Singstimme mit Pianobegleitung

Ludwig Erk

Volkslieder-Album

80 Volkslieder für eine Singstimme mit Pianobegleitung

ISBN/EAN: 9783743375604

Hergestellt in Europa, USA, Kanada, Australien, Japan

Cover: Foto ©Thomas Meinert / pixelio.de

Weitere Bücher finden Sie auf **www.hansebooks.com**

INHALT.

	Seite		Seite
1. Ach wie ist's möglich dann	3	41. In einem kühlen Grunde	41
2. Ännchen von Tharau	4	42. Lang, lang ist's her	42
3. Als der Grossvater die Grossmutter nahm	5	43. Letzte Rose	43
4. Als ich auf meiner Bleiche	6	44. Mädele, ruck, ruck, ruck	44
5. Als ich noch im Flügelkleide	7	45. Mei Dirndel is harb uf mi	45
6. Als wir jüngst in Regensburg waren	8	46. Mein Herz ist im Hochland	46
7. An Alexis send' ich dich	9	47. Mein Lebenslauf ist Lieb' und Lust	47
8. An der Saale hellem Strande	10	48. Mich fliehen alle Freuden	48
9. Auf, Matrosen, die Anker gelichtet	11	49. Morgen muss ich fort von hier	49
10. Bald gras' ich am Neckar	12	50. Muss i denn, muss i denn	50
11. Bekränzt mit Laub	13	51. Nach Sevilla, nach Sevilla	51
12. Brüderlein fein	14	52. Näh' nicht, liebes Mütterlein	52
13. Chimmt a Vogel geflogen	15	53. O du lieber Augustin	53
14. Das Schiff streicht durch die Wellen	16	54. O Tannenbaum, o Tannenbaum	54
15. Da streiten sich die Leut' herum	17	55. Prinz Eugen, der edle Ritter	55
16. Die Binschgauer wollten wallfahrten	18	56. Schier dreissig Jahre bist du alt	56
17. Die Hussiten zogen vor Naumburg	19	57. Schlaf, Herzenssöhnchen	57
18. Drunten im Unterland	20	58. Schöne Minka, ich muss scheiden	58
19. Du, du liegst mir im Herzen	20	59. Seht ihr drei Rosse vor dem Wagen	59
20. Es braust ein Ruf wie Donnerhall	21	60. Sind wir vereint zur guten Stunde	60
21. Es, es, es und es	22	61. 'S ist mir alles Eins	61
22. Es hatten drei Gesellen	23	62. So viel Stern' am Himmel stehen	62
23. Es ritten drei Reiter zum Thore hinaus	24	63. Steh' ich in finstrer Mitternacht	63
24. Es war ein König in Thule	25	64. Steh' nur auf, du lust'ger Schweizerbu'	64
25. Es zogen drei Bursche	25	65. Stimmt an mit hellem hohen Klang	65
26. Freut euch des Lebens	26	66. Treu und herzinniglich	66
27. Gaudeamus igitur	27	67. Tyroler sind lustig	67
28. Gestern Abend war Vetter Michel hier	28	68. Und der Hans schleicht umher	68
29. Gott erhalte Franz den Kaiser	29	69. Und die Würzburger Glöckli	69
30. Grad' aus dem Wirthshaus	30	70. Und schau' ich hin, so schaust du her	70
31. Guter Mond, du gehst so stille	31	71. Von meinem Bergli muss i scheiden	71
32. Heil dir im Siegerkranz	32	72. Wenn's Mailüfterl weht	72
33. Hoch vom Dachstein	33	73. Wer niemals einen Rausch gehabt	73
34. Ich bin der Doctor Eisenbart	34	74. Wir hatten gebauet ein stattliches Haus	74
35. Ich bin der Schneider Kakadu	35	75. Wir winden dir den Jungfernkranz	75
36. Ich nehm' mein Gläschen in die Hand	36	76. Wohlauf Kameraden, auf's Pferd	76
37. Ich weiss nicht, was soll es bedeuten	37	77. Wohlauf noch getrunken	77
38. Immer langsam voran	38	78. Wo Kraft und Muth	78
39. Im Wald und auf der Haide	39	79. Zu Mantua in Banden	79
40. In Berlin, sagt' er	40	80. Zu Strassburg auf der Schanz	80

2. Aennchen von Tharau.

Simon Dach. (1638.) Aus dem samländischen Dialekt
in's Hochdeutsche übertragen von J. G. v. Herder. 1778.

Friedrich Silcher. (1825.)

2. Käm' alles Wetter gleich auf uns zu schla'n, wir sind gesinnt, bei einander zu sta'n. Krankheit, Verfolgung, Betrübnis und Pein soll unsrer Liebe Verknotigung sein. Aennchen von Tharau, mein Licht, meine Sonn', mein Leben schliess' ich um deines herum!

3. Recht als ein Palmenbaum über sich steigt, jemehr ihn Regen und Hagel anficht, so wird die Lieb in uns mächtig und gross durch Kreuz, durch Leiden, durch mancherlei Noth. Aennchen etc.(wie in Str. 1.)

4. Würdest du gleich einmal von mir getrennt, lebtest da, wo man die Sonne kaum kennt: ich will dir folgen durch Wälder und Meer, Eisen und Kerker und feindliches Heer. Aennchen von Tharau, mein Licht, meine Sonn', mein Leben schliess' ich um deines herum!

3. Als der Grossvater die Grossmutter nahm.

(„Das Grossvaterlied.")
August Langbein. (1812.)

Mässig langsam.   Nach einer alten Tanzweise umgeformt.

1. Als der Grossvater die Grossmutter nahm, da wusste man nichts von Mamsell und Madam. Die züchtige Jungfrau, das häusliche Weib, sie waren ächt deutsch noch an Seel' und an Leib.
2. Als der Grossvater die Grossmutter nahm, da herrschte noch sittig verschleierte Scham; man trug sich fein ehrbar, und fand es nicht schön, in griechischer Nacktheit auf Strassen zu gehn.
3. Als der Grossvater die Grossmutter nahm, da war ihr die Wirthschaft kein widriger Kram; sie las nicht Romane, sie ging vor den Herd, und mehr war ihr Kind, als ein Schosshund, ihr werth.
4. Als der Grossvater die Grossmutter nahm, da war es ein Biedermann, den sie bekam; Ein Handschlag zu jener hochrühmlichen Zeit, galt mehr als im heutigen Leben ein Eid.

5. Als der Grossvater die Grossmutter nahm, da ruhte die Selbstsucht, gefesselt und zahm; sie war nicht, entbrochen den Banden der Scheu, wie jetzo ein alles verschlingender Leu.
6. Als der Grossvater die Grossmutter nahm, da war noch die Thatkraft der Männer nicht lahm; der weibische Zierling, der feige Fantast ward selbst von den Frauen verhöhnt und gehasst.

4. Als ich auf meiner Bleiche.

Christian Felix Weisse. (1769.)
Aus der kom. Oper: „Die Jagd." (1770.)

Joh. Adam Hiller. (1769.)

3. So sehr ich schrie und weinte, so liess man mich nicht los, und bracht, eh ich's vermeinte, mich auf des Grafen Schloss; von da ward ich bald weiter (es war schon finstre Nacht), begleitet durch die Reiter, ach, nach der Stadt gebracht!

4. Hier war der Graf. Mein Schreien half nichts: durch jede Kunst, durch Droh'n und Schmeicheleien warb er um meine Gunst. Da ward mein Hass nur grösser, und nun sperrt' man mich ein; und dies gefiel mir besser, als seine Schmeichelei'n.

5. Mein Fenster ging in Garten. Heut' stand ich morgens früh, die Sonne zu erwarten, voll Kummer da, und sieh! das Pförtchen an der Mauer stand auf; gleich fiel mir ein, obgleich mit manchem Schauer, mich hurtig zu befrei'n.

6. Gedacht und auch geschehen! Das Fenster war nicht hoch; und, sicherer zu gehen, nahm ich mein Bettchen noch: das warf ich schnell hinunter, ich sprang, und sprang nicht tief; worauf ich dann ganz munter auf und von dannen lief.

5. Dauernde Liebe.

Gedicht nach der: Auswahl neuer Lieder. Hamburg 1809.
(Wohl schon aus den 90er Jahren.)

Wolfg. Amadeus Mozart. (1787.)
(Nach der Menuett aus: Don Juan.)

Andante.

1. Als ich noch im Flügel-kleide in die Mädchenschule ging, o, wie hüpft' ich da vor
2. Gern sass ich ihr gegenüber, und anstatt ins Buch zu sehn, sah ich drunter oder
3. Wenn wir Kinder Abends spielten, uns vom grossen Feuermann und von Hexen unter-
4. Als ich Jüngling heissen wollte, und doch nur erst Knabe war, der die Weib' empfangen

1. Freude, wenn mich Lina frohem-pfing! und, wie man als Kind oft thut,—
2. drüber, mocht' es mir gleich übel gehn; bis sie mich zur Seite lud—
3. hielten, sah mich Lina zärtlich an: „Was schiert uns die Hexenbrut?—
4. sollte, floss ihr Auge sonnenklar, und auch dieser Augen Glut—

1. zu mir sprach: ich bin dir gut! und, wie man als Kind oft thut, zu mir sprach: ich bin dir
2. mit dem Gruss: ich bin dir gut! bis sie mich zur Seite lud mit dem Gruss: ich bin dir
3. Fritz, komm her, ich bin dir gut! was schiert uns die Hexenbrut? Fritz, komm her, ich bin dir
4. sagte mir: ich bin dir gut! und auch dieser Augen Glut sagte mir: ich bin dir

1. gut!
2. gut!
3. gut!"
4. gut!

5. Schrieb ich aus der fernen Weite, dass ich mich ja ganz allein einzig nur an ihrer Seite dieses Lebens könnte freu'n, schrieb sie mir mit ihrem Blut den Bescheid: ich bin dir gut!
6. Aber, ach! der süssen Freude, da ich nun nach Hause kam! Unsre Herzen hüpften beide: als ich in den Arm sie nahm, stieg auf ihre Wangen Glut, und sie sprach: ich bin dir gut!
7. Als der Trauungsmorgen tagte und mein Mund sie feierlich bei der Zeugen Ankunft fragte: Lina! liebst du wirklich mich? da gab sie mit hohem Muth den Bescheid: ich bin dir gut!
8. Als der Priester seinen Segen vor dem Traualtar uns gab, floss, gleich einem Sonnenregen, eine Thränenflut herab, und auch diese Thränenflut sagte mir: ich bin dir gut!
9. O, die Welt wird mir zum Himmel, zum Elysium sogar, wenn mir unter dem Getümmel meiner muntern Kinderschar sanft mein Weib im Arme ruht und mir sagt: ich bin dir gut!

6. Fräulein Kunigund.

Das Gedicht theilweise schon in der ersten Hälfte des 18. Jahrh. vorkommend.
Hier von Studenten umgeformt.

Nicht zu rasch.   Bairische Volksweise. (1880.)

1. Als wir jüngst in Regensburg wa-ren, sind wir ü-ber den Stru-del ge-fah-ren;
2. Und ein Mä-del von zwölf Jah-ren ist mit ü-ber den Stru-del ge-fah-ren;
3. Und vom ho-hen Ber-ges-schlosse kam auf stol-zem, schwarzem Ros-se

1. Da war'n vie-le Hol-den, die mit-fah-ren woll-ten.
2. weil sie noch nich lie-ben kunt', kam sie sicher ü-ber's Stru-dels Grund.
3. ad-lig Fräu-lein Ku-ni-gund, wollt' mit-fahr'n ü-ber's Stru-dels Grund.

Vom Chor wiederholt.

1-6. Schwäbische, bai-rische Dirndel, juchhe! muss der Schiffsmann fah-ren.

4. Schiffsmann, lieber Schiffsmann mein, sollt's denn so gefährlich sein? Schiffsmann, sag's mir ehrlich, ist's denn so gefährlich? Schwäbische etc.
5. Wem der Myrtenkranz geblieben, landet froh und sicher drüben; doch wer ihn hat verloren, ist dem Tod erkoren. Schwäbische etc.
6. Als sie auf die Mitt' gekommen, kam ein grosser Nix geschwommen, riss das Fräulein Kunigund mit sich in des Strudels Grund. Schwäbische etc.

7. Der Rose Sendung.

Christoph August Tiedge. (1812.)
Aus: Das Echo oder Alexis und Ida.

Friedrich Heinrich Himmel. (1814.)

Sanft und lieblich.

(1.) An A‑le‑xis send' ich dich; er wird, Ro‑se, dich nun pflegen: lächle freundlich ihm ent‑gegen, dass ihm sei, als säh' er mich! (2.) Frisch, wie du der Knosp' entquollst, send' ich dich; er wird dich küssen; dann, dann‑ je‑doch er wird schon wissen, was du al‑les, was du al‑les, was du al‑les sagen sollst. (3.) Sag' ihm lei‑se, wie ein Kuss mit halb auf‑geschlossnem Munde, wo mich, um die heisse Stun‑de, sein Ge‑dan‑ke suchen muss.

8. Rudelsburg.

Franz Kugler. (1826.)

Friedrich Ernst Fesca. (1822.)
(Heute scheid'ich pp.)

1. An der Saale hellem Strande stehen Burgen stolz und kühn; ihre Dächer sind gefallen, und der Wind streicht durch die Hallen, Wolken ziehen drüber hin.
2. Zwar die Ritter sind verschwunden, nimmer klingen Speer und Schild; doch dem Wandersmann erscheinen in den alt bemoosten Steinen oft Gestalten zart und mild.
3. Droben winken schöne Augen, freundlich lacht manch rother Mund, Wandrer schaut wol in die Ferne, schaut in holder Augen Sterne, Herz ist heiter und gesund.
4. Und der Wandrer zieht von dannen, denn die Trennungsstunde ruft; und er singet Abschiedslieder, Lebewohl tönt ihm hernieder, Tücher wehen in der Luft.

9. Matrosenlied.

Wilhelm Gerhard. (1817.)

August Pohlenz. (1828.)

10. Das Ringlein.

Volkslied aus: „Des Knaben Wunderhorn." (1808.)

5. Und schwimmt es, das Ringlein, so frisst es ein Fisch; das Fischlein soll kommen auf's Königs sein'n Tisch.
6. Der König thät fragen, wem's Ringlein soll sein? Da thät mein Schatz sagen: „Das Ringlein g'hört mein."
7. Mein Schätzlein thät springen bergauf und bergein, thät mir wied'rum bringen das Goldringlein fein.
8. „Kannst grasen am Neckar, kannst grasen am Rhein, wirf du mir nur immer dein Ringlein hinein!"

11. Rheinweinlied.

Matthias Claudius. (1775.)

Johann André. (1776.)

1. Be-kränzt mit Laub den lie-ben vol-len Be-cher, und trinkt ihn fröh-lich leer, und trinkt ihn fröh-lich leer! In ganz Eu-ro-pi-a, ihr Her-ren Ze-cher, ist solch ein Wein nicht mehr, ist solch ein Wein nicht mehr!
2. Er kommt nicht her aus Un-garn noch aus Po-len, noch wo man franzmänn'sch spricht, noch wo man franzmänn'sch spricht; da mag Sanct Veit, der Rit-ter, Wein sich ho-len: wir ho-len ihn da nicht, wir ho-len ihn da nicht!
3. Ihn bringt das Va-ter-land aus sei-ner Fül-le; wie wär' er sonst so gut, wie wär' er sonst so gut! wie wär' er sonst so e-del, wä-re stil-le, und doch voll Kraft und Muth, und doch voll Kraft und Muth!
4. Er wächst nicht ü-ber-all im deutschen Rei-che; und vie-le Ber-ge, hört! und vie-le Ber-ge, hört! sind, wie die wei-land Kreter, fau-le Bäu-che, und nicht der Stel-le werth, und nicht der Stel-le werth.

5. Thüringens Berge zum Exempel bringen |: Gewächs, sieht aus wie Wein; :| ist's aber nicht, man kann dabei nicht singen, |: dabei nicht fröhlich sein. :|
6. Im Erzgebirge dürft ihr auch nicht suchen, |: wenn ihr Wein finden wollt; :| das bringt nur Silbererz und Kobaltkuchen |: und etwas Lausegold. :|
7. Der Blocksberg ist der lange Herr Philister, |: er macht nur Wind wie der: :| drum tanzen auch der Kuckuck und sein Küster |: auf ihm die Kreuz und Quer. :|
8. Am Rhein, am Rhein, da wachsen unsre Reben; |: gesegnet sei der Rhein! :| da wachsen sie am Ufer hin und geben |: uns diesen Labewein. :|
9. So trinkt ihn denn, und lasst uns alle-wege |: uns freu'n und fröhlich sein! :| und wüssten wir, wo jemand traurig läge, |: wir gäben ihm den Wein! :|

12. Brüderlein fein.

Ferdinand Raimund.
Aus dem Zaubermärchen: „Der Bauer als Millionär." (1826.)

Josef Drechsler. (1826.)

4. Brüderlein fein, Brüderlein fein, du wirst doch ein Spitzbub' sein! Brüderlein fein, Brüderlein fein, wirst ein Spitzbub' sein! Willst du nicht mit mir bestehn, nun, so kannst zum Teuxel gehn; Brüderlein fein, Brüderlein fein, kannst zum Teuxel gehn!

5. Brüderlein fein, Brüderlein fein, sag' mir nur, was fällt dir ein? Brüderlein fein, Brüderlein fein, sag', was fällt dir ein? Geld kann Vieles in der Welt, — Jugend kauft man nicht um's Geld; Brüderlein fein, Brüderlein fein, 's muss geschieden sein!

6. Brüderlein fein, Brüderlein fein, zärtlich muss geschieden sein! Brüderlein fein, Brüderlein fein, 's muss geschieden sein! Denk' manchmal an mich zurück, schimpf' nicht auf der Jugend Glück; Brüderlein fein, Brüderlein fein, schlag' zum Abschied ein! (Ursprünglich als Duett: die Jugend und Wurzel.)

13. Frohe Botschaft.

Aus „Aline" von Adolf Bäuerle und Wenzel Müller. (1822.)
(Hier nach dem Liederspiel: „Die Wiener in Berlin." von Carl von Holtei 1824.)

3. Hast mi allweil vertröstet uf die Summeri-Zeit, und der Summer is kumma, und mei' Schatzerl is weit!
4. Daheim ist mei' Schatzerl, in der Fremd' bin i hier, und es fragt halt kei' Katzerl, kei' Hunderl nach mir!
5. Lieb's Vogerl, flieg weiter, nimm an Gruss mit und Kuss! und i kan di nit begleit'n, weil i hier bleib'n muss.

14. Schifferlied.

Brassier. (1824.)
(Mel.: O pescator dell'onde. 1819.)

(? Peruchino.)

3. Und wenn die Wellen rauschen, wird sie am Ufer lauschen; dann eilet hin zu ihr, sie zu grüssen, sie zu küssen, sagt ihr viel, recht viel von mir! Fidelin lin la!

4. Mag ich auf Wellen schwanken, sind immer die Gedanken bei dir im Heimatland; was ich singe, das erklinge bis hinüber an den Strand!

5. Wenn wild die Stürme sausen, und hoch die Wellen brausen, dann denk' ich nur an dich: dass mir bliebe deine Liebe, und kein Sturm erschüttert mich.

6. Was ich jetzt fern muss singen, bald soll dir's näher klingen; mein' Fahrt ist bald vorbei. Meine Lieder bring' ich wieder, und mit ihnen meine Treu'!

15. Hobellied.

Aus Ferdinand Raimund's „Verschwender." (1833.)

2. Die Jugend will stets mit Gewalt in Allem glücklich sein, doch wird man nur ein bissel alt, da gibt man sich schon d'rein. Oft zankt mein Weib mit mir, o Graus! das bringt mich nicht in Wuth; da klopf' ich meinen Hobel aus und denk': du brummst mir gut!

3. Zeigt sich der Tod einst, mit Verlaub, und zupft mich: Bruder, komm! da stell' ich mich im Anfang taub und schau' mich gar nicht um. Doch sagt er: lieber Valentin, mach' keine Umständ', geh! da leg' ich meinen Hobel hin und sag' der Welt ade!

17. Die Hussiten vor Naumburg.

Carl Seyferth. (1823.)

Nach einer Ungar. Volksweise.
('s ist mir auf der Welt nichts lieber.)

4. „Kinder," sprach er, „ihr seid Kinder, unschuldsvoll und keine Sünder! Ich führ' zum Prokop euch hin, der wird nicht so grausam sin, euch zu massakriren."

5. Dem Prokopen thät es scheinen, Kirschen kauft' er für die Kleinen, zog darauf sein langes Schwert, kommandirte: Rechtsum kehrt! hinterwärts von Naumburg.

6. Und zu Ehren des Mirakel ist alljährlich ein Spektakel; kennt ihr nicht das Kirschenfest, wo man's Geld in Zelten lässt? Freiheit, Victoria!

20. Die Wacht am Rhein.

Max Schneckenburger. (1840.)

Allegro marcato.

Carl Wilhelm. (1854.)

21. Handwerksburschen-Abschied.

Volkslied. (Nach fl. Blättern des 18. Jahrh.)

3. |: Sie, sie, sie und sie, Frau Meist'rin, leb' sie wohl! :| Ich sag's ihr grad' frei in's Gesicht, ihr Speck- und Kraut, das schmeckt mir nicht. Ich will mein Glück probieren, marschieren.

4. |: Ihr, ihr, ihr und ihr, ihr Jungfern, lebet wohl! :| Ich wünsch' euch all'n zu guter Letzt einen Andern, der mein' Stell' ersetzt. Ich will mein Glück probieren, marschieren.

5. |: Ihr, ihr, ihr und ihr, ihr Brüder, lebet wohl! :| Hab' ich euch was zu Leid gethan, so bitt' ich um Verzeihung an. Ich will mein Glück probieren, marschieren.

22. Fiducit.

Elias Salomon. (1834.)

Briesewitz. (1834.)

Mässig langsam.

1. Es hat-ten drei Ge-sel-len ein fein Col-le-gi-um; es
2. Sie lach-ten da-zu und san-gen, und wa-ren froh und frei; des
3. Da starb von den Dreien der Ei-ne, der And-re folg-te ihm nach, und es

1. krei-ste so fröh-lich der Be-cher in ih-rer Mit-te her-um, es
2. Weltlaufs E-lend und Sor-gen, sie gin-gen an ih-nen vor-bei, des
3. blieb der Drit-te al-lei-ne in dem ö-den Ju-bel-ge-mach, und es

1. krei-ste so fröh-lich der Be-cher in ih-rer Mit-te her-um.
2. Weltlaufs E-lend und Sor-gen, sie gin-gen an ih-nen vor-bei.
3. blieb der Drit-te al-lei-ne in dem ö-den Ju-bel-ge-mach.

4. Und wenn die Stunde gekommen des Zechens und der Lust, |: dann thät er die Becher füllen und sang aus voller Brust. :|
5. So sass er einst auch beim Mahle und sang zum Saitenspiel, |: und zu dem Wein im Pokale eine helle Thräne fiel. :|
6. „Ich trink' euch ein Schmollis, ihr Brüder! wie sitzt ihr so stumm und so still? |: Was soll aus der Welt denn noch werden, wenn keiner mehr trinken will?" :|
7. Da klangen der Gläser dreie, sie wurden mählich leer: |: „Fiducit! fröhlicher Bruder!" Der trank keinen Tropfen mehr! :|

23. Drei Reiter am Thor.

Altes Volkslied. Schon im 16. Jahrh. bekannt.

24. Der König in Tule.

Sanft und frei. Bass.
Wolfgang von Goethe. (1774.)
Karl Friedrich Zelter. (1812.)

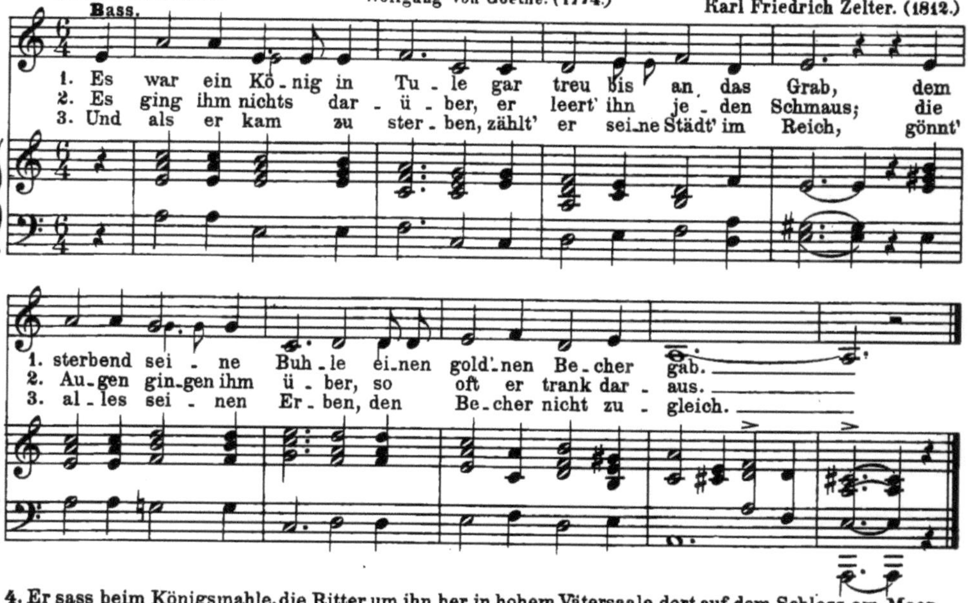

1. Es war ein Kö-nig in Tu-le gar treu bis an das Grab, dem sterbend sei-ne Buh-le ei-nen gold'-nen Be-cher gab.
2. Es ging ihm nichts dar-ü-ber, er leert' ihn je-den Schmaus; die Au-gen gin-gen ihm ü-ber, so oft er trank dar-aus.
3. Und als er kam zu ster-ben, zählt' er sei-ne Städt' im Reich, gönnt' al-les sei-nen Er-ben, den Be-cher nicht zu-gleich.

4. Er sass beim Königsmahle, die Ritter um ihn her, in hohem Vätersaale dort auf dem Schloss am Meer.
5. Dort stand der alte Zecher, trank letzte Lebensglut, und warf den heil'gen Becher hinunter in die Flut.
6. Er sah ihn stürzen, trinken, und sinken in das Meer; die Augen thäten ihm sinken, trank nie einen Tropfen mehr.

25. Der Wirthin Töchterlein.

Mässig langsam.
Ludwig Uhland. (1809.)
Nach einer Volksweise des 18. Jahrh. (1820.)

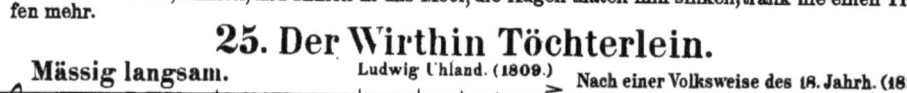

1. Es zo-gen drei Bursche wohl ü-ber den Rhein, bei ei-ner Frau Wir-thin, da kehr-ten sie ein, bei ei-ner Frau Wir-thin, da kehr-ten sie ein.
2. „Frau Wirthin, hat sie gut Bier und Wein? wo hat sie ihr schö-nes Töch-ter-lein?" wo hat sie ihr schö-nes Töch-ter-lein?"
3. „„Mein Bier und Wein ist frisch und klar; mein Töch-ter-lein liegt auf der Tod-ten-bahr, mein Töch-ter-lein liegt auf der Tod-ten-bahr!""

4. Und als sie traten zur Kammer hinein, |:da lag sie in einem schwarzen Schrein. :|
5. Der erste der schlug den Schleier zurück |:und schaute sie an mit traurigem Blick: :|
6. „Ach lebtest du noch, du schöne Maid! |:ich würde dich lieben von dieser Zeit!" :|
7. Der zweite deckte den Schleier zu |:und kehrte sich ab, und weinte dazu: :|
8. „Ach, dass du liegst auf der Todtenbahr! ich hab' dich geliebet so manches Jahr!":|
9. Der dritte hub ihn wieder sogleich |:und küsste sie an den Mund so bleich: :|
10. „Dich liebt' ich immer, dich lieb' ich noch heut' |:und werde dich lieben in Ewigkeit!" :|

26. Freut euch des Lebens.

Martin Usteri. (1793.)
Hans Georg Nägeli. (1793.)

1-7. Freut euch des Le-bens, weil noch das Lämpchen glüht; pflü-cket die Ro-se,

1-7. eh' sie ver-blüht!
1. Man schafft so gern sich Sorg' und Müh', sucht Dor-nen auf und
2. Wenn scheu die Schöpfung sich ver-hüllt, und laut der Donner
3. Wer Neid und Missgunst sorgsam flieht, und G'nügsam-keit im

1. fin-det sie, und lässt das Veil-chen un-bemerkt, das uns am We-ge blüht.—
2. ob uns brüllt, so lacht am A-bend nach dem Sturm die Son-ne uns so schön!—
3. Gärtchen zieht, dem schiesst sie schnell zum Bäumchen auf, das gold'ne Früchte trägt.—

4. Wer Redlichkeit und Treue übt, und gern dem ärmern Bruder giebt, bei dem baut sich Zufrieden-heit so gern ihr Hüttchen an. Freut euch des Lebens etc.

5. Und wenn der Pfad sich furchtbar engt, und Missgeschick uns plagt und drängt, so reicht die Freundschaft schwesterlich dem Redlichen die Hand. Freut euch des Lebens etc.

6. Sie trocknet ihm die Thränen ab, und streut ihm Blumen bis in's Grab; sie wandelt Nacht in Dämmerung, und Dämmerung in Licht. Freut euch des Lebens etc.

7. Sie ist des Lebens schönstes Band: Schlagt, Brüder, traulich Hand in Hand! So wallt man froh, so wallt man leicht in's bess're Vaterland! Freut euch des Lebens etc.

27. Gaudeamus igitur.

Vor 1717 bekannt. 1776. 1781.

4. Vivat Academia, vivant Professores! vivat membrum quodlibet, vivant membra quaelibet, |:semper sint in flore! :|

5. Vivant omnes virgines, faciles, formosae! Vivant et mulieres, tenerae, amabiles, |:bonae, laboriosae! :|

6. Vivat et Respublica et qui illam regit! vivat nostra Civitas, Maecenatum caritas,|:quae nos hic protegit! :|

7. Pereat tristitia, pereant osores, pereat diabolus, quivis antiburschius |: atque irrisores! :|

28. Vetter Michel.
(1797.)

Allegretto. Volkslied. (Mitte des 18. Jahrh.)

4. Gestern Abend war Vetter Michel hier, gestern Abend war Vetter Michel da. Die Brüder kamen all' herbei, Vetter Michel sprach gar mancherlei; dem war's das Pferd, dem war's der Hund, Vetter Michel es mit Allem kunnt! Vetter Michel war gestern Abend hier, gestern Abend war er da.

5. Gestern Abend war Vetter Michel hier, gestern Abend war Vetter Michel da. Vetter Michel war gestern Abend hie, er stiess das Mädel an das Knie; das Mädel lacht, das Mädel schreit, Vetter Michel ist es, der da freit. Vetter Michel war gestern Abend hier, gestern Abend war er da.

29. Oesterreichisches Nationallied.

Laurenz Leopold Haschka. (1797.)

Joseph Haydn. (1797.)

3. Sich mit Tugenden zu schmücken, achtet er der Sorgen werth. Nicht, um Völker zu erdrücken, flammt in seiner Hand das Schwert; sie zu segnen, zu beglücken, ist der Preis, den er begehrt. Gott erhalte etc.

4. Er zerbrach der Knechtschaft Bande, hob zur Freiheit uns empor! Früh erleb' er deutscher Lande, deutscher Völker höchsten Flor, und vernehme noch am Rande später Gruft der Enkel Chor: Gott erhalte etc. (Der Text in ursprünglicher Form steht in: „Joseph Haydn und Niccolo Zingarelli. Von Ant. Schmid. Wien, 1847.")

31. An den Mond.
(1804.)

Andante.   Volkslied um 1800 bekannt.

1. Guter Mond, du gehst so stille in den Abendwolken hin, bist so ruhig, und ich fühle, dass ich ohne Ruhe bin. Traurig folgen meine Blicke deiner stillen, heitern Bahn: O, wie hart ist das Geschicke, dass ich dir nicht folgen kann!

2. Guter Mond! dir will ich's sagen, was mein banges Herze kränkt, und an wen mit bittern Klagen die betrübte Seele denkt! Guter Mond, du kannst es wissen, weil du so verschwiegen bist, warum meine Thränen fliessen und mein Herz so traurig ist.

3. Dort, bei jenem kleinen Thale, wo die dunkeln Bäume stehn, nah' bei jenem Wasserfalle, wirst du eine Hütte sehn; geh' durch Wälder, Bäch' und Wiesen, blicke sanft durch's Fenster hin, so erblickest du Elisen, aller Mädchen Königin.

4. Nicht in Gold und nicht in Seide wirst du dieses Mädchen sehn; nur in schlichtem weissen Kleide pflegt mein Mädchen stets zu gehn. Nicht vom Adel, nicht vom Stande, den man sonst so hoch verehrt, nicht vom eitlen Moden-Tande hat mein Mädchen seinen Werth.

5. Nur ihr Reiz, ihr gutes Herze macht sie liebenswerth bei mir; gut im Ernste, froh im Scherze, jeder Zug ist gut an ihr; ausdrucksvoll sind die Geberden, froh und heiter ist ihr Blick; kurz, von ihr geliebt zu werden, halt' ich für das grösste Glück.

6. Mond, du Freund der reinsten Triebe, schleich' dich in ihr Kämmerlein; sag' es ihr, dass ich sie liebe, und dass sie nur ganz allein mein Vergnügen, meine Freude, meine Lust, mein Alles ist; dass ich gerne mit ihr leide, wenn ihr Aug' in Thränen fliesst.

7. Dass ich aber schon gebunden, und nur leider! zu geschwind meine süssen Freiheitsstunden schon für mich verschwunden sind; und dass ich nicht ohne Sünde lieben könne in der Welt-lauf', und sag's dem guten Kinde, ob ihr diese Lieb' gefällt?

32. Heil dir im Siegerkranz.

Nach dem englischen Nationalliede: God save the King.
Gedicht von Heinrich Harries (1790). In Berlin eingeführt 1793.

Henry Carey. (1743.)

Mässig langsam.

1. Heil dir im Sie-ger-kranz, Herr-scher des Va- -ter-lands,
2. Nicht Ross' und Rei-si-ge si-chern die stei- -le Höh',
3. Hei-li-ge Flam-me, glüh', glüh' und er- -lö- -sche nie

1. Heil, Kai-ser, dir! Fühl' in des Thro-nes Glanz die ho-he
2. wo Für-sten stehn: Lie-be des Va-ter-lands, Lie-be des
3. für's Va-ter-land! Wir al-le ste-hen dann mu-thig für

1. Won-ne ganz: Lieb-ling des Volks zu sein! Heil, Kai-ser, dir!
2. frei-en Mann's grün-det des Herrschers Thron wie Fels im Meer.
3. ei-nen Mann, käm-pfen und blu-ten gern für Thron und Reich.

4. Handlung und Wissenschaft hebe mit Muth und Kraft ihr Haupt empor! Krieger- und Heldenthat finde ihr Lorbeerblatt treu aufgehoben dort an deinem Thron!
5. Sei, Kaiser Wilhelm, hier lang deines Volkes Zier, der Menschheit Stolz! Fühl' in des Thrones Glanz die hohe Wonne ganz: Liebling des Volks zu sein! Heil, Kaiser, dir!

34. Doctor Eisenbart.

Gedichtet auf Dr. Joh. Andreas Eisenbart. (1661 - 1727.)

3. Zu Ulm kurirt' ich einen Mann, dass ihm das Blut vom Beine rann: Er wollte gern gekuhpockt sein, ich impft's ihm mit dem Bratspiess ein.
4. Des Küsters Sohn in Dideldum, dem gab ich zehn Pfund Opium: drauf schlief er Jahre, Tag und Nacht, und ist bis jetzt noch nicht erwacht.
5. Sodann dem Hauptmann von der Lust nahm ich drei Bomben aus der Brust; die Schmerzen waren ihm zu gross: wohl ihm, er ist die Juden los!
6. Es hatt' ein Mann in Langensalz ein'n zentner-schweren Kropf am Hals; den schnürt' ich mit dem Hemmseil zu, probatum est, er hat jetzt Ruh'!
7. Zu Prag da nahm ich einem Weib zehn Fuder Steine aus dem Leib; der letzte war ihr Leichenstein: sie wird wohl jetzt kuriret sein.
8. Das ist die Art, wie ich kurir', sie ist probat, ich bürg' dafür; dass jedes Mittel Wirkung thut, schwör' ich bei meinem Doctorhut.

35. Der Schneider Kakadu.

Joachim Perinet. (1794.)

Wenzel Müller. (Aus der Oper: Die zwei Schwestern aus Prag. 1794.)

1. Ich bin der Schneider Ka_ka_du, ge_reist durch al_le Welt, und kurz, vom Ko_pfe bis zum Schuh, ein Bü_gel_eisen_held. Jüngst kam ich gra_de als Or_le_ans die Welt verliess, nach Pa_ris, da ward ich schleunig ausgespürt und zum Conven_te transportirt.

2. Hier fragt' ein Krippen_beisser mich: bist du A_risto_krat? Mit nichten, Freund! er_wiedert' ich, und auch kein Demokrat: Ich bin ein Mensch, der ge_lassen sei_ne Na_del schwingt, isst und trinkt, kurz_um, du al_ter E_sel du, ich bin der Schneider Ka_ka_du!

3. Jetzt thaten alle, Mann für Mann, die Riesenmäuler auf, und riefen: legt ihm Fesseln an, sonst hebt der Wind ihn auf! Vergebens wandt' und sträubt' ich mich, ein Helfershelfer packte mich, |: und um den Hals ein Eisenband, ward Kakadu in's Feld gesandt. :|

4. Dort ward ich stündlich exercirt und richtig, Tag für Tag, mit dreissig Prügeln regalirt; ich seufzte Weh und Ach! Doch endlich ward mein Rücken froh, denn Monsieur Kakadu entfloh, |: und mit dem Bündel in der Hand reist' er in's deutsche Vaterland. :|

36. Vive la Compagneia!

Volkslied des 18. Jahrhunderts.

(1820.)

Das Lied wird auch mit folgender Anfangsstrophe eingeleitet: Wo mag der Wirth so lange bleib'n? Vive la Compagneia! Wir woll'n dem Kerl die Ohren reib'n! Vive la Compagneia! etc.

38. Der Krähwinkler Landsturm.

2. Nun marschirn wir gerade nach Paris hinein, dort, Kinder, soll das Rauchen nicht verboten sein! Nur immer langsam voran etc.
3. Das Marschiren, das nimmt auch gar kein End', das macht, weil der Hauptmann die Landkart'nicht kennt. Nur immer langsam voran etc.
4. Hat denn Keener den Fähnrich mit der Fahne gesehn? man weess ja gar nich, wie der Wind thut wehn. Nur immer langsam voran etc.
5. Kleener Tambour, strapezier' doch die Trommel nicht so sehr! allweil sin die Kalbfell' so wohlfeil nicht mehr. Nur immer langsam voran etc.
6. Herr Hauptmann, mein Hintermann geht so in Trab, er tritt mir beinah' die Hacken ab. Nur immer langsam voran etc.
7. Ach, Himmel, wie wird's uns in Frankreich ergehn! dort soll ja keine Seele das Deutsch verstehn! Nur immer langsam voran etc.
8. Reisst aus, reisst aus, reisst alle alle aus! dort steht ein französisches Schilderhaus! Nur immer langsam voran etc.
9. Die Franzosen, die schiessen so in's Blaue hinein; sie bedenken nicht, dass da könnten Menschen sein. Nur immer langsam voran etc.
10. Bei Leipzig in der grossen Völkerschlacht, da hätten wir beinah' ein' Gefang'nen gemacht. Nur immer langsam voran etc.
11. Und als auf der Brucken eine Bombe geplatzt, potz Wetter, wie sind wir da ausgekratzt! Nur immer etc.
12. Denn wenn so'n Beest am End' Eenen trifft, hilft Eenen der ganze Feldzug nicht. Nur immer etc.
13. Da lob' ich mer so nen baierschen Kloss, so'n Ding geht doch so leicht nicht los. Nur immer etc.
14. Jetzt, Bauern, kocht's Knödel und Hirsebrei, wenn der Landsturm kommt, wird er hungrig sei! Nur immer lustig voran! etc.

39. Jägerleben.

Wilhelm Bornemann. (1816.) Volksweise. (1827.) Von Gehricke (?)

3. Im Walde hingestrecket, den Tisch mit Moos mir decket |: die freundliche Natur, :| den treuen Hund zur Seite ich mir das Mahl bereite |: auf Gottes freier Flur, :| Halli, halloh, halli, halloh, auf Gottes freier Flur. :|

4. Das Huhn im schnellen Zuge, die Schnepf' im Zickzackzuge |: treff' ich mit Sicherheit, :| die Sauen, Reh' und Hirsche erleg' ich auf der Birsche, |: der Fuchs lässt mir sein Kleid, :| Halli, halloh, halli, halloh, der Fuchs lässt mir sein Kleid. :|

5. Und streich' ich durch die Wälder, und zieh' ich durch die Felder |: einsam den ganzen Tag, :| doch schwinden mir die Stunden gleich flüchtigen Secunden, |: tracht' ich dem Wilde nach, :| Halli, halloh, halli, halloh, tracht' ich dem Wilde nach. :|

6. Wenn sich die Sonne neiget, der feuchte Nebel steiget, |: mein Tagwerk ist gethan, :| dann zieh' ich von der Heide zur häuslich stillen Freude, |: ein froher Jägersmann! :| Halli, halloh, halli, halloh, ein froher Jägersmann! :|

40. In Berlin, sagt' er.

Aus: „Die Wiener in Berlin" von Carl von Holtei. (1824.)

Allegretto. Mel. In Schönbrunn, sagt er.

1. In Ber-lin, sagt' er, musst du fein, sagt' er, und ge-scheidt, sagt' er, im-mer
2. Nimm zehn Briefl, sagt' er, mit hin-ab, sagt' er, gieb sie richtig, sagt' er, al-le
3. Und her-nach, sagt' er, leg' dich an, sagt' er, grad' so schön, sagt' er, wie man

1. sein, sagt' er, denn da habn's, sagt' er, viel Verstand, sagt' er, ich bin dort, sagt' er, schon bekannt.
2. ab, sagt' er, hier der Gross, sagt' er, hat's im Bauch, sagt' er, und geschrieb'n, sagt' er, sind sie auch.
3. kann, sagt' er, gu-te Kleider, sagt' er, wie zur Tauf, sagt' er, und die Hauben, sagt' er, o-ben drauf.

4. Ganz besonders, sagt' er, noch vor allen, sagt' er, such' durch's Sprechen, sagt' er, zu gefallen, sagt' er, recht berlinisch, sagt' er, immer sprich, sagt' er, und statt mir, sagt' er, sagst du mich.
5. Im Thiergarten, sagt' er, ist's gar schön, sagt' er, wirst viel Wagen, sagt' er, fahren sehn, sagt' er, und es sitzen, sagt' er, Damen drin, sagt' er, wie die schöne, sagt' er, Wienerin.
6. Grüss' mir alle, sagt' er, die ich kenn', sagt' er, kann sie dir nicht, sagt' er, alli g'nen'n, sagt' er, wen du siehst, sagt' er, grüss' mir halt, sagt' er, jeder nimmt sich's, sagt' er, dem's gefallt.
7. Merke auf, sagt' er, dass die Herrn, sagt' er, dich nicht fopp'n, sagt' er, sie thun's gern, sagt' er, sei hübsch fein, sagt' er, noch am Schluss, sagt' er, und a Busserl, sagt' er, heisst dort Kuss.
8. Gar so leicht, sagt' er, wenn man küsst, sagt' er, kommt man dort, sagt' er, zu 'nem Zwist, sagt' er, denn sie plauschen, sagt' er, wunderschön, sagt' er, du wirst halt, sagt' er, nit verstehn.
9. Wann i wüsst', sagt' ich, dass i müsst', sagt' ich, wann i küsst', sagt' ich, zu 'nem Zwist, sagt' ich, lieber küsst' ich, sagt' ich, nimmermehr, sagt' ich, fiel mir's wirklich, sagt' ich, noch so schwer.
10. Nun so reis', sagt' er, b'hüt' di Gott, sagt' er, komm nit ham, sagt' er, eppa todt, sagt' er, denn Berlin, sagt' er, ist nit nah, sagt' er, b'hüt' di Gott! sagt' er, – nun bin i da!

41. Das zerbrochene Ringlein.

Joseph von Eichendorff. 1809. (1812.)

Nach der Mel. von Friedrich Glück. (1814.)

4. Ich möcht' als Reiter fliegen wohl in die blut'ge Schlacht, |: um stille Feuer liegen im Feld bei dunkler Nacht. :|

5. Hör' ich das Mühlrad gehen: ich weiss nicht, was ich will— |: ich möcht' am liebsten sterben, da wär's auf einmal still! :|

42. Lang, lang ist's her!

Englisches Lied: „Long, long ago." Ged. u. Mel. von T. H. Bayly.
Deutsch von Wilhelm Weidling. (1858.)

44. Die Auserwählte.

Schwäbisch. (1836.) — Volksweise. (1828.)

46. Mein Herz ist im Hochland.

Nach Rob. Burns von Ferd. Freiligrath. (1835.)

Neuere Volksweise.(Vor 1865.)

47. Das Reich der Freude.

August Mahlmann. (1803.) — Volksweise. (1823.)

1. Mein Lebenslauf ist Lieb und Lust und lauter Liederklang; ein frischer Muth in heitrer Brust macht frohen Lebensgang. Man geht bergan, man geht bergein, heut grad und morgen krumm, – durch Sorgen wird's nicht anders sein: was kümmr' ich mich darum! Heida, juchhe! heida, juchhe! was kümmr' ich mich darum! Heida, juchhe! heida, juchhe! was kümmr' ich mich darum!

2. Das Leben wird, der Traube gleich, gekeltert und gepresst; so gibt es Most, wird freudenreich und feiert manches Fest! Drum zag' ich nicht, engt mir die Brust des Schicksals Unmuth ein; bald braus' ich auf in Lieb und Lust, und werde reiner Wein! Heida, etc.

3. Die Zeit ist schlecht; mit Sorgen trägt sich mancher ohne Muth; doch, wo ein Herz voll Freude schlägt, da ist die Zeit noch gut. Herein, herein, du lieber Gast, du Freude! komm zum Mahl! würz' uns, was du bescheret hast, kredenze den Pokal! Heida, etc.

4. Fort, Grillen, wie's in Zukunft geht, und wer den Scepter führt! das Glück auf einer Kugel steht und wunderbar regiert. Die Krone nehme Bachus hin, nur der soll König sein! und Freude sei die Königin, die Residenz am Rhein! Heida, etc.

5. Beim grossen Fass zu Heidelberg berathe der Senat, und auf dem Schloss Johannisberg der hochwohlweise Rath! Der Herr'n Minister Regiment soll beim Burgunderwein, der Kriegsrath und das Parlament soll in Champagne sein! Heida, etc.

6. So sind die Rollen ausgetheilt und alles wohl bestellt; so wird die kranke Zeit geheilt und jung die alte Welt. Es lebe hoch, das neue Reich! Stosst an und trinket aus! denn Freud' und Wein macht frei und gleich, und würzt den Lebensschmaus! Heida, etc.

48. Mich fliehen alle Freuden.

(Aus dem Singspiel: „Die schöne Müllerin." 1791.)

Giovanni Paesiello.

50. Abschied.

Nach einem älteren Volksliede von Heinr. Wagner (pseud. Wergan) 1825.

Volksweise. (1825.)

2. |: Wie du weinst, :| dass i |: wandere muss, :| wie wenn d'Lieb' jetzt wär' vorbei; |: sind au drauss :| der |: Mädele viel, :| lieber Schatz, i bleib dir treu! Denk du net, wenn i en Andre seh, so sei mein' Lieb vorbei; |: sind au drauss :| der |: Mädele viel, :| lieber Schatz, i bleib dir treu!

3. |: Ueber's Jahr, :| wenn me |: Träubele schneid't, :| stell' i hier mi wiedrum ein; |: bin i dann :| dein |: Schätzele noch, :| so soll die Hochzeit sein. Ueber's Jahr, da ist mein' Zeit vorbei, da gehör' i mein und dein; |: bin i dann :| dein |: Schätzele noch, :| so soll die Hochzeit sein!

53. Alles ist hin!

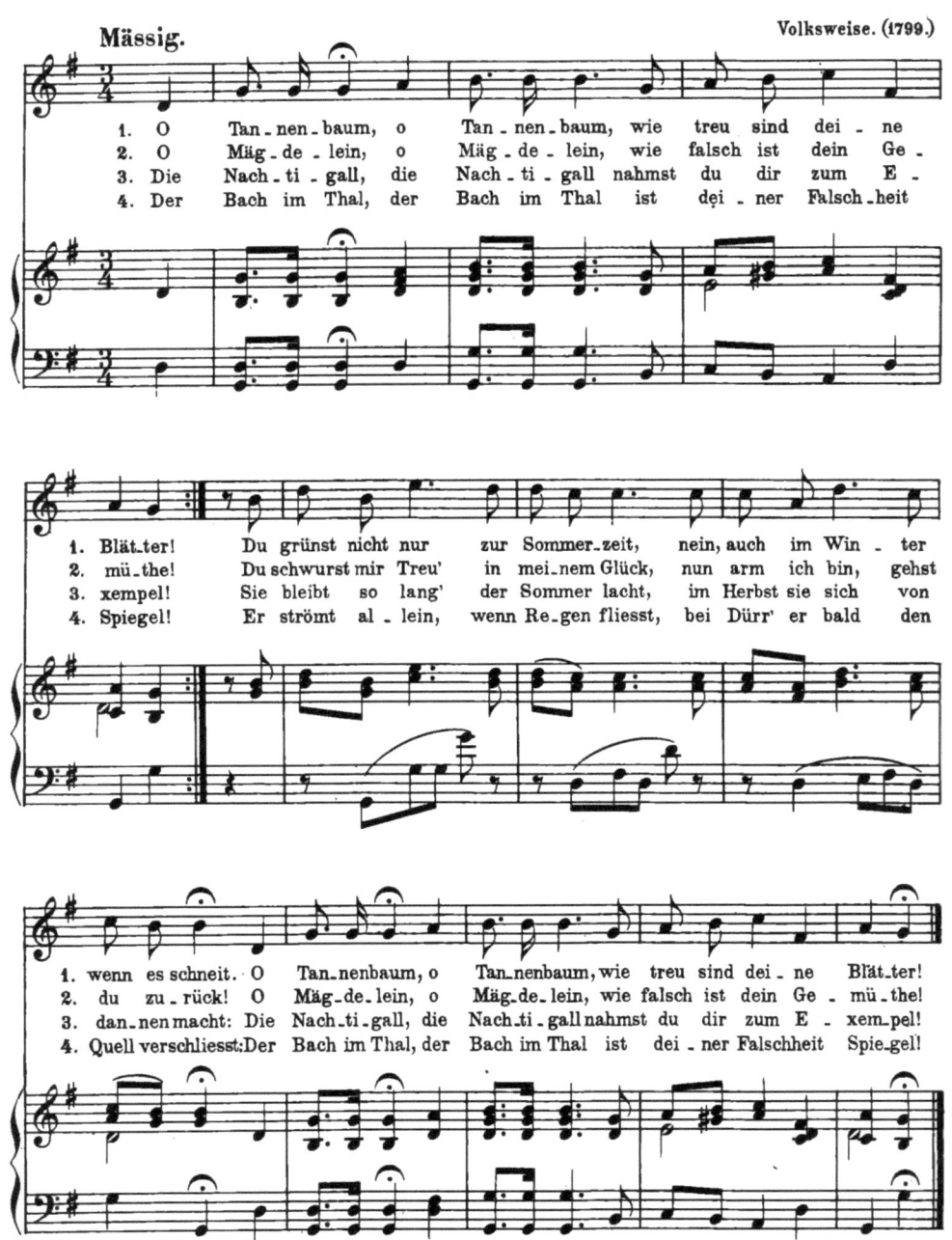

55. Prinz Eugen.

(Der Sage nach gedichtet von einem preussischen Krieger, der unter dem Fürsten von Dessau im Heere des Prinzen Eugen diente.)

Nicht zu langsam und nachdrücklich.   Volkslied. (1717 u. 1745.)

1. Prinz Eu-gen, der ed-le Rit-ter, wollt' dem Kai-ser wie-drum krie-gen Stadt und Fe-stung Bel-ge-rad. Er liess schla-gen ei-nen Bru-cken, dass man kunnt' hin-ü-ber ru-cken mit dr'Ar-mee wohl für die Stadt.
2. Als der Brucken nun war geschla-gen, dass man kunnt' mit Stuck und Wa-gen frei pas-sir'n den Do-nau-fluss, bei Sem-lin schlug man das La-ger, al-le Tür-ken zu ver-ja-gen, ihn'n zum Spott und zum Ver-druss.
3. Am 21sten Au-gust so e-ben kam ein Spi-on bei Sturm und Re-gen, schwur's dem Prinzen und zeigt's ihm an, dass die Tür-ken fu-tra-gi-ren, so viel als man kunnt' ver-spü-ren, an die dreimal-hun-dert-tau-send Mann.

4. Als Prinz Eugenius dies vernommen, liess er gleich zusammenkommen seine General und Feldmar-schall; er thät sie recht instrugiren, wie man sollt' die Truppen führen und den Feind recht greifen an.

5. Bei der Parole thät er befehlen, dass man sollt' die Zwölfe zählen bei der Uhr um Mitternacht; da sollt' All's zu Pferd aufsitzen, mit dem Feinde zu scharmützen, was zum Streit nur hätte Kraft.

6. Alles sass auch gleich zu Pferde, jeder griff nach seinem Schwerte, ganz still ruckt man aus der Schanz; die Musketier wie auch die Reiter thäten alle tapfer streiten: 's war fürwahr ein schöner Tanz!

7. Ihr Konstabler auf der Schanzen, spielet auf zu diesem Tanzen mit Kartaunen gross und klein; mit den grossen, mit den kleinen, auf die Türken, auf die Heiden, dass sie laufen all'davon!

8. Prinz Eugenius wohl auf der Rechten thät als wie ein Löwe fechten, als General und Feldmarschall. Prinz Ludewig ritt auf und nieder: „Halt't euch brav, ihr deutschen Brüder, greift den Feind nur herzhaft an!"

9. Prinz Ludewig, der musst' aufgeben seinen Geist und junges Leben, ward getroffen von dem Blei. Prinz Eugen ward sehr betrübet, weil er ihn so sehr geliebet; liess ihn bringen nach Peterwardein.

56. Der alte Reiter und sein Mantel.

Carl von Holtei. (Aus dem Melodrama: Lenora. 1827.)

Volksweise des 18. Jahrh. (1816.)

Schrittmässig.

1. Schier drei-ssig Jah-re bist du alt, hast man-chen Sturm er-lebt; hast mich wie ein Bru-der be-schü-tzet, wenn die Ka-no-nen ge-bli-tzet, wir bei-de hab'n nie-mals ge-bebt.
2. Wir la-gen man-che lie-be Nacht, durch-nässt bis auf die Haut; du al-lein hast mich er-wär-met, was mein Her-ze ge-här-met, das hab' ich dir, Man-tel, ver-traut.
3. Ge-plau-dert hast du nim-mer-mehr, du warst mir still und treu; du warst ge-treu in al-len Stü-cken, da-rum lass' ich dich auch nicht mehr fli-cken, du Al-ter wür-dest sonst neu.

4. Und mögen sie mich verspotten, du bleibst mir theuer doch; denn wo die Fetzen 'runter hangen, sind die Kugeln hindurch gegangen, jede Kugel die macht' ein Loch.

5. Und wenn die letzte Kugel kommt in's deutsche Herz hinein: lieber Mantel, lass dich mit mir begraben, weiter will ich von dir nichts haben; in dich hüllen sie mich ein.

6. Da liegen wir zwei Beide bis zum Appel im Grab! Der Appel der macht Alles lebendig, da ist es denn auch ganz nothwendig, dass ich meinen Mantel hab'!

59. Das Dreigespann.

Russisch.
(1843 in Deutschland verbreitet.)

Russische Volksweise.
(Serlg. 1844.)

Mässig langsam.

1. Seht ihr drei Ros-se vor dem Wa-gen und die-sen jun-gen Po-stil-lon? Von weitem hö-ret man ihn kla-gen und seines Glöck-leins dumpfen Ton, von weitem hö-ret man ihn kla-gen und seines Glöck-leins dumpfen Ton.
2. Still ist der Wald, öd' sind die Au-en, und er, er stimmt sein Liedchen an, singt von den Au-gen, den schönen blau-en, die er nicht mehr be-wundern kann, singt von den Au-gen, den schönen blau-en, die er nicht mehr be-wundern kann.
3. Lebt wohl, ihr Au-gen, ihr schönen blau-en, denn ihr be-rei-tet mir nur Schmerz; wa-rum kann ich euch nicht mehr schau-en, an de-nen hing mein gan-zes Herz? warum kann ich euch nicht mehr schauen, an denen hing mein ganzes Herz?

4. Leb' wohl, du holde zarte Jungfrau, du meiner Seele Paradies; leb' wohl, du Vaterstadt, o Moskau, wo ich mein Alles hinterliess!

5. Und rasch ergreifet er die Zügel, und vorwärts geht's im scharfen Trab; noch einmal schaut er dort die Hügel, noch einmal der Geliebten Grab!

60. Bundeslied.

Ernst Moritz Arndt. (1815.) Georg Friedrich Hanitsch. (1815.)

Feierlich ernst, doch nicht zu langsam.

1. Sind wir vereint zur guten Stunde, wir starker deutscher Männerchor, so dringt aus jedem frohen Munde die Seele zum Gebet hervor: denn wir sind hier mit ernsten Dingen, mit hehrem heiligen Gefühl; drum muss die volle Brust erklingen ein volles, helles Saitenspiel.

2. Wem soll der erste Dank erschallen? Dem Gott, der gross und wunderbar aus langer Schande Nacht uns allen in Flammen aufgegangen war; der unsrer Feinde Trotz zerblitzet, der unsre Kraft uns schön erneut, und auf den Sternen waltend sitzet von Ewigkeit zu Ewigkeit.

3. Wem soll der zweite Wunsch ertönen? Des Vaterlandes Majestät! Verderben allen, die es höhnen! Glück dem, der mit ihm fällt und steht! Es geh', durch Tugenden bewundert, geliebt durch Redlichkeit und Recht, stolz von Jahrhundert zu Jahrhundert, an Kraft und Ehren ungeschwächt!

4. Das Dritte, deutscher Männer Weihe, am hellsten soll's geklungen sein! die Freiheit heisset deutsche Freude, die Freiheit führt den deutschen Reih'n! Für sie zu leben und zu sterben, das flammt durch jede deutsche Brust; für sie den grossen Tod zu werben, ist deutsche Ehre, deutsche Lust.

5. Das Vierte - hebt zur hehren Weihe die Hände und die Herzen hoch! - Es lebe alte deutsche Treue! es lebe deutscher Glaube hoch! Mit diesen wollen wir's bestehen, sie sind des Bundes Schild und Hort! Fürwahr, es muss die Welt vergehen, vergeht das feste Männerwort!

6. Rückt dichter in der heil'gen Runde, und klingt den letzten Jubelklang! Von Herz zu Herz, von Mund zu Munde erbrause freudig der Gesang: Das Wort, das unsern Bund geschürzet, das Heil, das uns kein Teufel raubt und kein Tyrannentrug uns kürzet, das sei gehalten und geglaubt!

61. 'S ist mir Alles Eins!

5. Wer ein Geld hat, kann Schlittagen geb'n, und wer keins hat, wad't im Schnee daneb'n. Das ist etc.
6. Wer ein Geld hat, der kann Austern ess'n, und wer keins hat, kann Kartoffeln fress'n. Das ist etc.
7. Wer ein Geld hat, kann in's Theater fahr'n, und wer keins hat, macht sich z'Haus den Narr'n. Das ist etc.
8. Wer ein Geld hat, der muss auch sterb'n, und wer keins hat, muss schon so verderb'n. Das ist etc.

62. Treue Liebe.

Volkslied aus: „Des Knaben Wunderhorn." (1808.)

Ältere Volksweise. (gedruckt 1818.)

Mässig langsam.

1. So viel Stern' am Himmel stehen, an dem blauen Himmelszelt; so viel Schäflein als da gehen in dem grünen, grünen Feld; so viel Vöglein als da fliegen, als da hin und wieder fliegen: so viel mal sei du gegrüsst,— so viel mal sei du gegrüsst!

2. Soll ich dich denn nimmer sehen, nun ich in die Ferne muss? ach, das kann ich nicht verstehen, o du bitt'rer Scheidensschluss! Wär' ich lieber schon gestorben, eh' ich mir ein Lieb erworben, wär' ich jetzt nicht so betrübt,— wär' ich jetzt nicht so betrübt!

3. Weiss nicht, ob auf dieser Erden, die des herben Jammers voll, nach viel Trübsal und Beschwerden ich dich wieder sehen soll. Was für Wellen, was für Flammen schlagen über mir zusammen:|:ach, wie gross ist meine Noth! :|

4. Mit Geduld will ich es tragen, denk' ich immer nur zu dir; alle Morgen will ich sagen: o mein Lieb, wann kommst zu mir? Alle Abend'will ich sprechen, wenn mir meine Augen brechen: |:o mein Lieb, gedenk' an mich! :|

5. Ja, ich will dich nicht vergessen, enden nie die Liebe mein; wenn ich sollte unterdessen auf dem Todtbett schlafen ein: auf dem Kirchhof will ich liegen wie ein Kindlein in der Wiegen,|:das die Lieb thut wiegen ein. :|

63. Treue Liebe.

Wilhelm Hauff. (1824.)

Volksweise: Ich hab' ein kleines Hüttchen nur. (Um 1780.)

4. Jetzt bei der Lampe mildem Schein gehst du wohl in dein Kämmerlein, und schickst dein Nachtgebet zum Herrn auch für den Liebsten in der Fern'!

5. Doch, wenn du traurig bist und weinst, mich von Gefahr umringet meinst - sei ruhig, bin in Gottes Hut! er liebt ein treu Soldatenblut.

6. Die Glocke schlägt, bald naht die Rund' und löst mich ab zu dieser Stund; schlaf' wohl im stillen Kämmerlein, und denk' in deinen Träumen mein!

64. Der Schweizerbu.

2. Bin ich nit, bin ich nit a lust'ger Schweizerbu, bin ich nit a lust'ger Bu? Und wenn ich Morgens früh aufsteh', zuerst ich da zu mein'm Dierndel geh', singen dann uns a lust'ges Schweizer Juchhu: bist mei lust'ger Schweizerbu!

3. Und als ich, als ich in das neue Wirthshaus kam, fragt' die Wirthin: wo bliebst so lang'? Frau Wirthin, schenkt nur fleissig ein, sei es Bier oder sei's Champagnerwein! Schenkt nur ein, schenkt nur ein! trink's wieder aus, und dann gehn wir froh nach Haus.

4. Und als ich, als ich wieder auf die Alma kam, rief mei Dierndel: wo bliebst so lang'? |: O du Schlingel, o du Schlangel, warum bliebst du denn so lang'?:| Und da sang ich a lust'ges Schweizer Juchhu: bist mei lust'ger Schweizerbu!

65. Deutsches Weihelied.

Matthias Claudius. (1772.)

Albert Methfessel. (1818.)

Frisch und kräftig.

1. Stimmt an mit hellem hohen Klang, stimmt an das Lied der Lieder, des Vaterlandes Hochgesang, das Waldthal hall' es wieder!
2. Der alten Barden Vaterland, dem Vaterland der Treue, dir, freies, unbezwung'nes Land, dir weih'n wir uns auf's Neue!
3. Zur Ahnentugend wir uns weih'n, zum Schutze deiner Hütten; wir lieben deutsches Fröhlichsein und alte deutsche Sitten.

4. Die Barden sollen Lieb und Wein, doch öfter Tugend preisen, und sollen biedre Männer sein in Thaten und in Weisen.

5. Ihr Kraftgesang soll himmelan mit Ungestüm sich reissen, und jeder ächte deutsche Mann soll unser Bruder heissen!

66. Robin Adair.

Gedicht vom Jahre 1825.

Irische Volksweise: Elleen-a-Roon.
(1702 gedruckt.)

2. Dort an dem Klippenhang, Robin Adair! rief ich oft still und bang, Robin Adair! Fort von dem wilden Meer, falsch ist es, liebeleer, macht nur das Herze schwer, Robin Adair!
3. Mancher wohl warb um mich, Robin Adair! treu aber liebt' ich dich, Robin Adair! Mögen sie Andre frei'n, will ja nur dir allein Leben und Liebe weihn, Robin Adair!

67. Tyroler.

Aus der Operette: „Der Tyroler Wastl." (1795.)

Jacob Haibel. (1795.)

Wiegend, nicht zu schnell.

1. Ty—ro—ler sind lu—stig, so lu—stig und froh; beim Wein und beim Tan—ze, da sieht man sie so. Zur Ar—beit steht Bu—be und Mä—del früh auf,— und A—bends, da sin—gen und la—chen sie drauf.
2. Und— kommt dann der Sonn—tag, so geht es zum Tanz; sein Nan—nerl führt Gotthelf, und Gre—tel der Hans. Da sieht man sie wa—cker im Krei—se sich drehn,— sie hü—pfen so flink, wie die Gems'auf den Höh'n.
3. Sie— trei—ben ihr Vieh auf der Al—ma in's Gras, und da—bei geht's Mä—del und stri—cket sich was; in—des—sen der Bu—be die Fel—sen be—steigt,— und oft—mals ein Gemschen zum Bra—ten er—schleicht.

4. Und kommt so ein Jäger mit Beute nach Haus, dann jauchzet und schmaust man, bis alles ist aus, und hat man's, so trinkt man ein Gläschen darauf, und geht dann frisch wieder zur Alma hinauf.
5. Die Stadt versorgt Nannerl mit Butter und Milch, und Gotthelf webt bunte Tischdecken und Zwilch; damit geht der Bube in's Reich dann hinaus, und bringt blanke Thaler dafür mit in's Haus.
6. Hat einer ein Schätzerl, so bleibt er dabei, er nimmt sie zum Weiberl und liebt sie recht treu; dann fängt man die Wirthschaft gemeinschaftlich an, und liebt sich und herzt sich so sehr, als man kann.

68. Hans und Liesel.

70. Liebesqual.

Schwäbisches Volkslied.

Bewegt.

1. Und schau' ich hin, so schaust du her, das macht mein Herz so schwer, so schwer; und schau' ich her, so schaust du hin, das macht mir wirr den Sinn! O schau' nur ein einzigsmal, ein einzigsmal mitleidsvoll in meine Liebesqual! Und schau' ich hin, so schaust du her, das macht mein Herz so schwer, so schwer; und schau' ich her, so schaust du hin, das macht mir wirr den Sinn!

2. Und komm' ich an, so gehst du weg, das setzt mein Herz in Schreck, in Schreck; und will ich nach, so schiltst du laut, dass Alles nach mir schaut. O bleib' nur ein einzigsmal, ein einzigsmal tröstend stehn bei meiner Liebesqual! Und komm' ich an, so gehst du weg, das setzt mein Herz in Schreck, in Schreck; und will ich nach, so schiltst du laut, dass Alles nach mir schaut.

3. Und spreche ich, so schweigt dein Mund, das sticht mein Herz so wund, so wund; und sag' ich Ja, so sagst du Nein, das macht mir grosse Pein! O sprich nur ein einzigsmal, ein einzigsmal mitleidsvoll bei meiner Liebesqual! Und spreche ich, so schweigt dein Mund, das sticht mein Herz so wund, so wund; und sag' ich Ja, so sagst du Nein, das macht mir grosse Pein!

4. Und weine ich, so lachest du, das schnürt mein Herz mir zu, mir zu; und lächle ich, dann weinest du, das scheucht mir alle Ruh! O wein' nur ein einzigsmal, ein einzigsmal still und mild in meine Liebesqual! Und weine ich, so lachest du, etc.

5. Doch, Hexlein, das ist ja dein Brauch, gerade wie bei Andern auch, und weil du mich am meisten fliehst, glaub' ich, dass du mir glühst! O glüh nur ein einzigsmal, ein einzigsmal licht und warm in meine Liebesqual! Doch, Hexlein, das ist ja dein Brauch, etc.

71. Abschied vom Dirndel.

Schweizerisch. (1839.)

Neueres Volkslied.

Gemässigt und innig.

1. Von meinem Bergli muss i scheiden, wo's so liebli is und schön, kann in der Heimat nimmer bleiben, ach, i muss vom Dirndel gehn!
2. Behüt' di Gott, mein liebe Senn'rin, gib mir noch a-mol die Hand; i wer di lang' jetzt nimmer sehen, ach, i muss in's ferne Land!

Jodler ad libitum.

3. So leb' denn wohl, du schöne Senn'rin, i reis', stets durch di beglückt; komm, reich' mir dein zartes Munderl, und küsse den noch, der di liebt!
4. I bitte di gar schön, lass' 's Weine, es kann ja doch nit anders sein; bis über's Jahr komm' wieder heime, i bin ja ganz gewiss noch dein!

3. Ein jeder Trinker lebe hoch, |: der bei dem vollen Glas :| schon oft der Arbeit hartes Joch,|: des Lebens Müh' vergass! :| Wer dich verschmäht, du edler Wein, |: der ist nicht werth, ein Mensch zu sein! :|
4. Wenn rein, wie Gold, das Rebenblut |: in unsern Gläsern blinkt, :| sich jeder Zecher wohlgemuth |: ein kleines Räuschchen trinkt. :| dann scheint die Welt mit ihrer Pracht |: für muntre Trinker nur gemacht. :|
5. Drum trink' ich, weil ich trinken kann, |: und mir das Weinchen schmeckt, :| so lange, bis der Sensenmann |: in's kühle Grab mich streckt. :| Denn endet sich mein Lebenslauf, |: so hört von selbst das Trinken auf. :|

74. Wir hatten gebauet ein stattliches Haus.

August von Binzer. (1819.)

(Gesungen zu Jena bei Auflösung der Burschenschaft den 26. Novbr. 1819.)

Mässig und innig.

Thüringische Volksweise. (1819.)

1. Wir hatten gebauet ein stattliches Haus, und drin auf Gott vertrauet trotz Wetter, Sturm und Graus.
2. Wir lebten so traulich, so einig, so frei; den Schlechten ward es graulich, wir hielten gar zu treu!
3. Sie lugten, sie suchten nach Trug und Verrath, verleumdeten, verfluchten die junge, grüne Saat.

4. Was Gott in uns legte, die Welt hat's veracht't; |: die Einigkeit erregte bei Guten selbst Verdacht.:|
5. Man schalt es Verbrechen, man täuschte sich sehr; |: die Form kann man zerbrechen, die Liebe nimmermehr.:|
6. Die Form ist zerbrochen, von aussen herein; |: doch, was man drin gerochen, ist eitel Dunst und Schein.:|
7. Das Band ist zerschnitten, war Schwarz, Roth und Gold, |: und Gott hat es gelitten: wer weiss, was du gewollt!:|
8. Das Haus mag zerfallen, was hat's denn für Noth? |: der Geist lebt in uns Allen, und unsre Burg ist Gott!:|

75. Brautjungfernlied.

Aus der Oper: „Der Freischütz". (1820.)
Friedrich Kind. (1817.)
Carl Maria von Weber. (1820.)

2. Lavendel, Myrt' und Thymian, das wächst in meinem Garten; wie lang bleibt doch der Freiersmann? ich kann es kaum erwarten. Schöner grüner etc.
3. Sie hat gesponnen sieben Jahr den goldnen Flachs am Rocken; die Schleier sind wie Spinnweb' klar, und grün der Kranz der Locken. Schöner grüner etc.
4. Und als der schmucke Freier kam, war'n sieben Jahr verronnen; und weil sie der Herzliebste nahm, hat sie den Kranz gewonnen. Schöner grüner etc.

76. Reiterlied.

Friedrich von Schiller. (1797.)
(Aus „Wallensteins Lager":)

Christian Jacob Zahn. (1797.)

Marschmässig.

3. Des Lebens Aengsten, er wirft sie weg, hat nicht mehr zu fürchten, zu sorgen; er reitet dem Schicksal entgegen keck, trifft's heute nicht, trifft es doch morgen. |: Und trifft es morgen, so lasset uns heut' noch schlürfen die Neige der köstlichen Zeit! :|

4. Von dem Himmel fällt ihm sein lustig Loos, braucht's nicht mit Müh' zu erstreben; der Fröhner der sucht's in der Erde Schoss, da meint er den Schatz zu erheben; |: er gräbt und schaufelt, so lang er lebt, und gräbt, bis er endlich sein Grab sich gräbt. :|

5. Der Reiter und sein geschwindes Ross, sie sind gefürchtete Gäste! Es flimmern die Lampen im Hochzeitsschloss; ungeladen kommt er zum Feste. |: Er wirbt nicht lange, er zeiget nicht Gold; im Sturm erringt er den Minnesold. :|

6. Warum weint die Dirn' und zergrämet sich schier? Lass fahren dahin, lass fahren! er hat auf Erden kein bleibend Quartier, kann treue Lieb' nicht bewahren. |: Das rasche Schicksal, es treibt ihn fort; seine Ruh' lässt er an keinem Ort. :|

7. Drum frisch, Kameraden, den Rappen gezäumt, die Brust im Gefechte gelüftet! Die Jugend brauset, das Leben schäumt; frisch auf! eh' der Geist noch verdüftet! |: Und setzet ihr nicht das Leben ein, nie wird das Leben gewonnen sein! :|

3. Mit eilenden Wolken der Vogel dort zieht und singt in der Ferne ein heimathlich Lied. |:So treibt es den Burschen durch Wälder und Feld, zu gleichen der Mutter, der wandernden Welt (der Welt). :|

4. Da grüssen ihn Vögel, bekannt über'm Meer, sie flogen von Fluren der Heimath hieher; |:da duften die Blumen vertraulich um ihn, sie trieben vom Lande die Lüfte dahin (dahin). :|

5. Die Vögel die kennen sein väterlich Haus. Die Blumen einst pflanzt' er der Liebe zum Strauss; |:und Liebe die folgt ihm, sie geht ihm zur Hand: so wird ihm zur Heimath das fernste Land (das Land). :|

78. Bundeslied.

Carl Hinkel. (1815.)

Mel. der franz. Romanze: Brûlant d'amour.

1. Wo Muth und Kraft in deutschen Seelen flammen, fehlt nie das blanke Schwert beim Becherklang; wir stehn vereint und halten treu zusammen, und rufen's laut im feurigen Gesang: Ob Fels und Eiche splittern, wir werden nicht erzittern! Den Jüngling reisst es fort mit Sturmeswehn, für's Vaterland in Kampf und Tod zu gehn.

2. Roth wie die Liebe sei der Brüder Zeichen, rein wie das Gold der Geist, der uns durchglüht; und dass wir nie, im Tode selbst nicht weichen, sei schwarz das Band, das unsre Brust umzieht. Ob Fels und Eiche splittern, wir werden nicht erzittern! Den Jüngling reisst es fort mit Sturmeswehn, für's Vaterland in Kampf und Tod zu gehn.

3. Wir wissen noch den treuen Stahl zu schwingen, die Stirn ist frei, und stark der Arm im Streit; wir dauern aus und wollen muthig ringen, wenn es der Ruf des Vaterlands gebeut. Ob Fels und Eiche splittern, wir werden nicht erzittern! Den Jüngling reisst es fort mit Sturmeswehn, für's Vaterland in Kampf und Tod zu gehn.

4. So schwört es laut bei unserm deutschen Schwerte: Dem Bunde treu, im Leben wie im Tod! Auf, Brüder, auf, und schützt die Vatererde und ruft hinaus ins blut'ge Morgenroth: Ob Fels und Eiche splittern, etc.

5. Und du, mein Liebchen, das in süssen Stunden den Freund beseelt mit manchem Blick und Wort, dir schlägt das Herz wohl über Grab und Wunden? denn ewig dauert treue Liebe fort! Ob Fels und Eiche splittern, etc.

6. Trennt auch Geschick des grossen Bundes Glieder, wir reichen uns die treue Bruderhand! Noch einmal schwört's, ihr, meine deutschen Brüder: Dem Bunde Heil, und Heil dem Vaterland! Ob Fels und Eiche splittern, etc.

79. Andreas Hofer.

Julius Mosen. (1831.)

4. Dem Tambour will der Wirbel nicht unter'm Schlägel vor, als nun Andreas Hofer schritt durch das finstre Thor; – Andreas, noch in Banden frei, dort stand er fest auf der Bastei, |: der Mann vom Land Tyrol. :|

5. Dort soll er niederknien; er sprach: "Das thu' ich nit! will sterben, wie ich stehe, will sterben, wie ich stritt, so wie ich steh' auf dieser Schanz'; es leb' mein guter Kaiser Franz, |: mit ihm sein Land Tyrol!" :|

6. Und von der Hand die Binde nimmt ihm der Korporal; und Sandwirth Hofer betet allhier zum letzten Mal; dann ruft er: "Nun, so trefft mich recht! Gebt Feuer! – Ach, wie schiesst Ihr schlecht! |: Ade, mein Land Tyrol!" :|

80. Der Schweizer.

Volkslied aus: „Des Knaben Wunderhorn." (1806.)

Friedrich Silcher. (1835.)

4. Ihr Brüder allzumal, heut' seht ihr mich zum letztenmal. Der Hirtenbub ist doch nur Schuld daran, das Alphorn hat mir solches angethan, das klag' ich an!

5. Ihr Brüder alle drei, was ich euch bitt; erschiesst mich gleich; verschont mein junges Leben nicht, schiesst zu, schiesst zu, dass das Blut 'raus spritzt, das bitt' ich euch!

6. O Himmelskönig, Herr! nimm du mein' arme Seel' dahin! nimm sie zu dir in Himmel ein, lass sie ewig, ewig bei dir sein, und vergiss nicht mein!